NEW TOWN HOUSES. Creative architecture between walls
Copyright © 2017 Instituto Monsa de ediciones

Editor, concept, and project director
Anna Minguet

Art directior
Eva Minguet (Monsa Publications)
Project's selection and layout
Patricia Martínez (Monsa Publications)
Cover design
Eva Minguet (Monsa Publications)
Introduction and text edition
Monsa Publications

INSTITUTO MONSA DE EDICIONES
Gravina 43 (08930)
Sant Adrià de Besòs
Barcelona (Spain)
Tlf. +34 93 381 00 50
www.monsa.com
monsa@monsa.com

Visit our official online store!
www.monsashop.com

Follow us on facebook!
facebook.com/monsashop

ISBN: 978-84-16500-45-1
D.L. B 3886-2017
Printed by Cachimán

New Town Houses

creative architecture between walls

Index

8   The Shadow House

16   Mid-Town Triplex

28   SteelHouse 1+2

38   Holy Cross

48   Cardigan Cardigan !!

54   To Catch a Breeze

60   Afsharian's House

66   House in Imabari

76   Toda House

86   BLK_Lab

96   8th Ave

104   Flip House

114   40R Laneway House

122   ZYX House

130   Tato House

Introduction

These days, the town house is without doubt becoming a typology on the rise in the constant search for unique living spaces. In urban areas, it is the perfect solution to fill the niches, corners and tiny sites which are quite common in the city grid; spaces which were occupied by torn down buildings or abandoned garages, those which were the result of municipal mistakes, strange corners which have been forgotten and become a void to be filled by incomparable construction projects and creative potential.

This book is a compilation of some of the more interesting town houses which have been recently constructed. We use recent examples for analyze the difficulty of integrating new residential volumes.

If we had to highlight one characteristic from the projects presented here, it would be their ability to make the most out of their space in such creative ways. Within the basic typology of flat between parallel walls, a world of possibilities open: spaces full of light, endless staircases, curtain walls, facades which spread completely out to the street or contrarily enclose into mysterious gardens and interior patios.

Hoy en día, la casa entre medianeras es, sin duda, una tipología en alza en la constante búsqueda de una vivienda singular. En términos urbanos, constituye la solución perfecta para esos huecos, resquicios o minúsculos solares muy comunes en el enjambre de la ciudad; espacios que ocupaban edificios derruidos, garajes abandonados o que han surgido de errores municipales, huecos extraños que han sido olvidados y que constituyen un vacío de inigualable potencial constructivo y creativo.

Este libro es una recopilación de algunas de las más interesantes casas entre medianeras que se han construido recientemente. Analiza, mediante ejemplos recientes, la dificultad de integrar en solares ajustados nuevos volúmenes de vivienda.

Si tuviéramos que destacar una característica de los proyectos presentados, éste sería el aprovechamiento del espacio de forma muy creativa. Dentro de la tipología básica de pisos entre muros paralelos, se abre un mundo de posibilidades: espacios llenos de luz, escaleras interminables, muros cortina, fachadas que se abren completamente a la calle o que, por el contrario, se cierran hacia misteriosos jardines y patios interiores.

The Shadow House

Liddicoat & Goldhill / Camden, London, England / © Keith Collie

The owners designed this house themselves. They chose basic and economical materials with the objective of creating a simple practical home. Light is distributed throughout the house with the help of various wall materials. Changes in ceiling and floor heights make each room differ from another.

Los mismos propietarios fueron los que diseñaron esta casa. Con el objetivo de crear una casa sencilla y práctica, se eligieron materiales primarios y económicos. La luz se controla en toda la vivienda gracias a los distintos materiales de las paredes, y cada estancia se diferencia de las otras mediante los cambios de altura de los techos y los suelos.

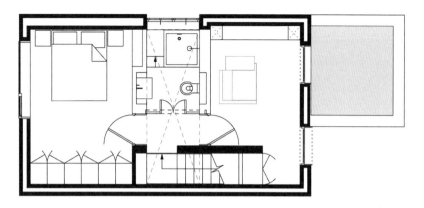

Second floor / Segundo piso

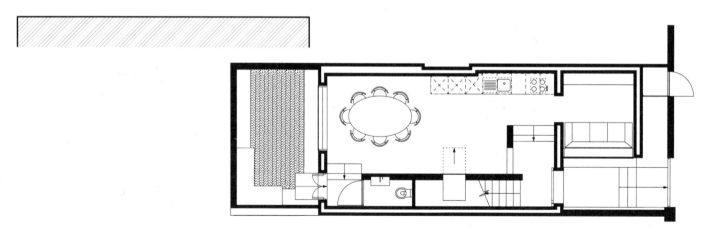

Main floor / Piso principal

The merger between inside and outside is achieved by using uniform materials and colours. The use of white finishes and black brick is a leitmotif in this house design.

La fusión entre le interior y el exterior se consigue con la uniformidad en el empleo de materiales y colores. El ladrillo negro en contraste con el blanco esta presente en toda la vivienda.

The owners used multiple levels to separate the different rooms without losing square footage, achieving a spacious feel.

La multiplicidad de niveles ha sido la solución implantada en esta residencia, para situar todas las estancias sin perder superficie y así conseguir la sensación de amplitud deseada.

In small spaces, use continuous flooring to give a greater feeling of spaciousness. If the material used is seamless, the sensation of space will be enhanced.

En espacios pequeños utilice pavimentos continuos para dar mayor sensación de amplitud. Si además el material está exento de juntas la sensación de espacio será aun mayor.

Mid-Town Triplex

Studio JCI / Toronto, Ontario, Canada / © Scott Norsworthy

This triplex, located in a well-established Toronto neighborhood, is a good example of urban density.
While the design provides the clients with a main dwelling in which to live, there are also two rooms available for rent. As an interesting extra source of income for its owners, the design also adds quality and variety to the city's leasehold options.

Este tríplex, que se encuentra situado en un arraigado barrio de Toronto, es un buen ejemplo de densidad urbana. Su diseño proporciona a los clientes, al mismo tiempo, una residencia principal donde vivir, además de dos habitaciones disponibles para alquiler, que suponen un interesante ingreso extra a los propietarios, y añaden calidad y variedad a las opciones de alquiler en la ciudad.

The restoration of a structural brick wall is a simple, inexpensive, and beautiful solution that retains the home's urban aesthetics.

La restauración y reutilización de la pared de ladrillo estructural es una solución sencilla, barata y hermosa, y además permite que se respete una estética urbana propia.

The large windows offer a panoramic view of the environment and maximize natural light, reducing the need for artificial light.

Los grandes ventanales, además de una visión panorámica sobre el entorno, maximizan la entrada de luz natural y, por consiguiente, una reducción del aporte de luz artificial.

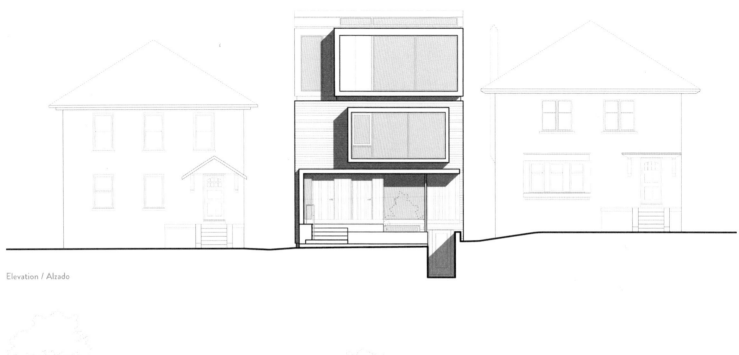

Elevation / Alzado

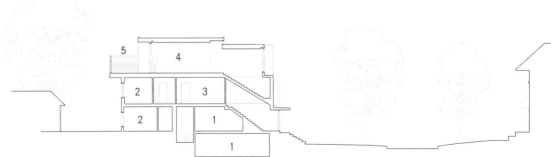

Section / Sección

1. Storage room - Trastero
2. Bedroom - Dormitorios
3. Living/Dining/Kitchen - Salón/Comedor/Cocina
4. Family room - Habitación familiar
5. Outdoor deck - Cubierta exterior

Third floor (Landlord) / Tercer piso (propietario)

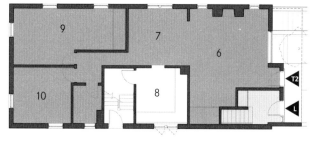

Main floor (Tenant 2) / Piso principal (Inquilino 2)

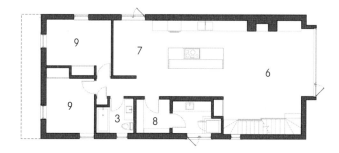

Second floor (Landlord) / Segundo piso (propietario)

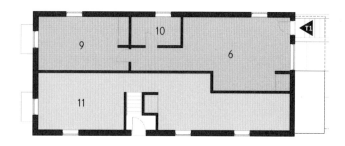

Basement (Tenant 1) / Sótano (Inquilino 1)

1. Master bedroom	5. Outdoor terrace	9. Bedroom
2. Walk-in closet	6. Living room	10. Bathroom
3. Bathroom	7. Kitchen/Dining room	11. Storage room
4. Living room/Studio	8. Laundry	

1. Dormitorio principal	5. Terraza al aire libre	9. Dormitorio
2. Ropero	6. Sala de estar	10. Cuarto de baño
3. Baño	7. Cocina - Comedor	11. Trastero
4. Sala de estar / Estudio	8. Lavanderia	

On the second floor, a large front window maximizes the entry of light and provides an optimal view of the neighborhood from the living room, kitchen and dining room.

En el segundo piso, un gran ventanal en la parte delantera maximiza la entrada de luz y la visión sobre el espacio abierto que comprende la sala de estar, la cocina y el comedor.

The elegance of marble is indisputable. Its use as the main kitchen surface cannot leave us indifferent, given its beauty and durability.

La elegancia del mármol es incuestionable. Su uso como revestimiento principal en la cocina no deja indiferente, tanto por su belleza como por la durabilidad que proporciona.

The rooms and public spaces in the owners' areas are interspersed, providing maximum daylight exposure for primary public spaces.

Las estancias y espacios públicos en la zona de los propietarios se intercalan, y proporcionan máxima exposición a la luz del día para los espacios públicos primarios.

Natural light must not be ignored. If possible, it should be incorporated into as many spaces as possible, even the bathroom, which is traditionally the most intimate room.

No hay que renunciar a la luz natural. Si es posible, hay que incorporarla al mayor número de espacios posibles, incluso al baño, la estancia tradicionalmente más íntima.

SteelHouse 1+2

Zack / de Vito Architecture / San Francisco, California, United States / © Paul Dyer Photography

Vacant plots for new-build houses are rarely available in the heart of San Francisco. Given this phenomenal opportunity, Zack / de Vito's team squeezed the largest share out of a plot where two architects were building two different projects. The result is two urban homes, one completely new and the other based on an existing structure, which set around a shared courtyard.

Parcelas vacantes donde desarrollar nuevos proyectos, rara vez están disponibles en pleno San Francisco. Ante esta fenomenal oportunidad, el equipo de Zack | De Vito extrajo el máximo partido de un terreno donde dos arquitectos desarrollaron dos proyectos. El resultado, dos viviendas urbanas, una totalmente nueva y otra que aprovecha una estructura existente, organizadas alrededor de un patio común.

East elevation / Alzado este

West elevation / Alzado oeste

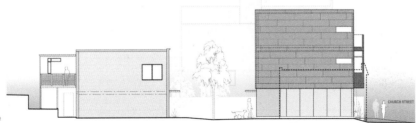

North elevation / Alzado norte

The two houses share a courtyard entrance rather than a traditional street main entrance.

Las dos viviendas son accesibles desde un patio común, en contraposición respecto a la tradicional entrada principal situada a pie de calle.

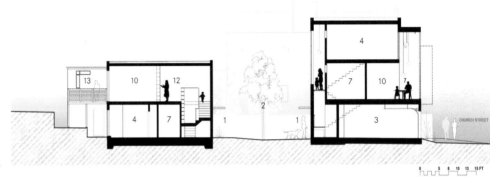

Section A-A / Sección A-A

0 5 8 10 13 15 FT

This unapologetic modern design aims to achieve maximum space efficiency, paying special attention to details and quality craftsmanship.

El moderno diseño sin complejos está orientado a conseguir la máxima eficiencia espacial, con especial atención a los detalles y a la calidad del trabajo artesanal.

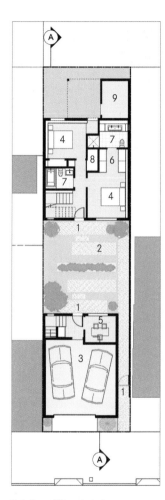

Main floor / Piso principal

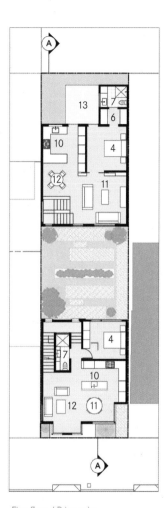

First floor / Primer piso

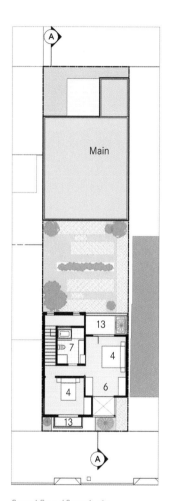

Second floor / Segundo piso

1. Entrance
2. Courtyard
3. Parking
4. Bedroom
5. Study/Office
6. Walk-in closet
7. Bathroom
8. Laundry
9. Mechanical room
10. Kitchen
11. Living room
12. Dining room
13. Patio/Balcony

1. Entrada
2. Patio
3. Garaje
4. Dormitorio
5. Estudio/Despacho
6. Vestidor
7. Baño
8. Lavandería
9. Cuarto de maquinaria
10. Cocina
11. Sala de estar
12. Comedor
13. Patio/Balcón

Both buildings feature an eco-friendly design, including radiant flooring that is divided by zones for greater efficiency. Both structures were designed with sustainable and mechanical materials that maximize solar energy.

Ambos edificios incorporan un diseño verde que incluye suelo radiante —por zonas para mayor eficiencia—, materiales sostenibles y sistemas mecánicos y estructurales preparados para trabajar con energía solar.

Books always contribute to creating a comfortable atmosphere. If you don't have space for a library, a shelf or any corner can be used to give that touch of warmth to the room.

Los libros consiguen siempre crear un clima acogedor. Si no se puede tener una biblioteca, sirve una balda o cualquier rincón para darle ese toque que aporta calidez a la estancia.

When choosing an office chair, in addition to paying attention to its design, you should ensure that it is ergonomic in order to prevent back problems caused by poor posture.

A la hora de elegir una silla para un despacho, además de prestar atención a su diseño, deberá ser ergonómica para así evitar problemas en la espalda por malas posturas.

Holy Cross

T B A / Thomas Balaban Architecte / Montreal, Quebec, Canada / © Adrien Williams

This 3,230 square feet detached house hides a rich spatial complexity behind its tough working-class façade. Thomas Balaban took an old house in a typical post-war neighborhood as his starting point and adapted it to its surroundings. He made it stand out in a heterogeneous context without resorting to mimicry or compromising the project's contemporaneity.

Los 300 m² de esta vivienda unifamiliar esconden una rica complejidad espacial detrás de su dura fachada de clase obrera. Thomas Balaban toma como punto de partida una vieja casa de un típico barrio de posguerra y consigue que, al mismo tiempo que se adapta a su entorno, destaque dentro un contexto heterogéneo, sin recurrir a la mímica y sin renunciar a la contemporaneidad del proyecto.

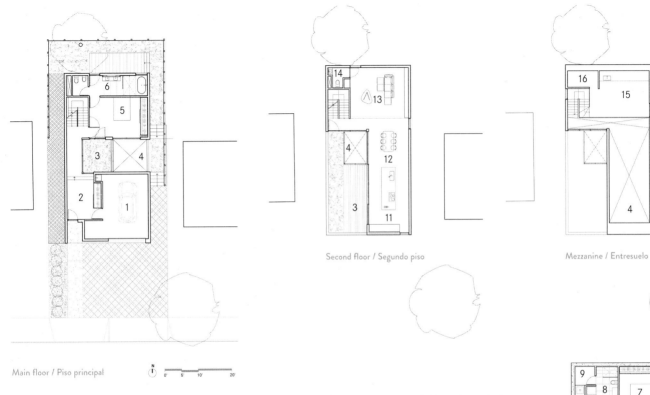

Main floor / Piso principal

N
0'   5'   10'   20'

1. Parking	9. Mechanical room	1. Garaje
2. Entrance	10. Guest bedroom	2. Entrada
3. Garden/Terrace	11. Kitchen	3. Jardín/Terraza
4. Open to below	12. Dining room	4. Abierto hacia abajo
5. Master bedroom	13. Living room	5. Dormitorio principal
6. Master bathroom	14. Powder room	6. Baño principal
7. Bedroom	15. Mezzanine/Study	7. Dormitorio
8. Bathroom/Laundry	16. Storage room	8. Baño/Lavandería

1. Parking   9. Mechanical room
2. Entrance   10. Guest bedroom
3. Garden/Terrace   11. Kitchen
4. Open to below   12. Dining room
5. Master bedroom   13. Living room
6. Master bathroom 14. Powder room
7. Bedroom   15. Mezzanine/Study
8. Bathroom/Laundry 16. Storage room

Second floor / Segundo piso

Mezzanine / Entresuelo

1. Garaje   9. Cuarto de maquinaria
2. Entrada   10. Dormitorio invitados
3. Jardín/Terraza   11. Cocina
4. Abierto hacia abajo 12. Comedor
5. Dormitorio principal 13. Sala de estar
6. Baño principal   14. Aseo
7. Dormitorio   15. Entresuelo/Estudio
8. Baño/Lavandería   16. Trastero

Basement floor / Sótano

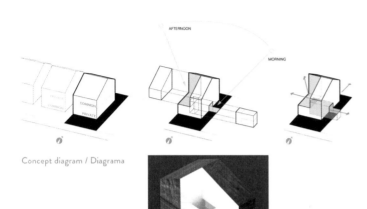

Concept diagram / Diagrama

Outside, the house is contained, light and monochromatic, emphasizing the general morphology of its details.

En el exterior, la casa es contenida, ligera y monocromática, lo cual permite enfatizar la morfología general sobre los detalles.

The light in the center is drawn down into the heart of the house. By bringing the living spaces to the upper level, he has maximized the direct sunlight where it is most needed.

La luz disponible en el centro se dibuja hacia abajo en el corazón de la casa. Al reunir los espacios de vida en la parte superior, se maximiza la luz solar directa donde más se necesita.

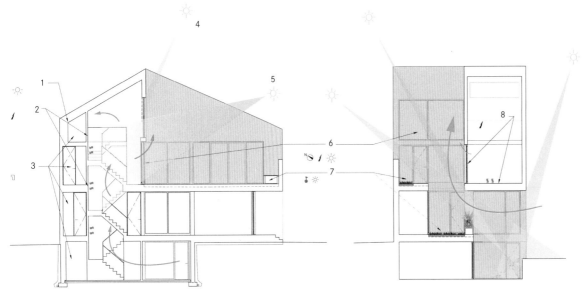

1. Storage
2. Bedrooms
3. Play room
4. Lounge
5. Hallway
6. Bathroom
7. Kitchen
8. Staircase
9. Study
10. Master bedroom
11. Master bathroom

1. Trastero
2. Dormitorios
3. Sala de juegos
4. Salón
5. Pasillo
6. Baño
7. Cocina
8. Escalera
9. Estudio
10. Dormitorio principal
11. Baño principal

Diagrams of sustainable strategies / Diagramas de estrategias sostenibles

a. Orientation

The house is oriented to maximize sun exposure from the south and minimize heat loss to the north.

a. Orientación

La casa está orientada para maximizar su exposición al sol desde el sur y minimizar la pérdida de calor hacia el norte.

b. Light and natural ventilation

The stepped terraces and central interior court allow natural light to permeate each floor. The large glazed south wall in combination with the open stair not only increases access to natural light within the house, but allows for natural ventilation to move through each floor. During the summer, shades are used to prevent the penetration of direct sun and to provide bioclimatic comfort.

b. Luz y ventilación natural

Las terrazas escalonadas y el patio interior central permiten que la luz natural penetre en cada piso. La gran pared acristalada del lado sur en combinación con la escalera, no sólo aumenta el acceso de luz natural dentro de la casa, sino que permite que la ventilación se mueva por cada planta. Durante el verano, las persianas son utilizadas para prevenir la penetración directa del sol y para proporcionar comodidad bioclimática.

c. Organization

The bathrooms and storage areas are placed on the north side of the house, while the living spaces surround the central courtyard and terrace to maximize access to natural light.

d. Passive energy

Passive thermal gain is obtained by combining large windows on the south and west façades with concrete floors and partition walls.

e. Terraces and gardens

Planting on the terraces reinforces the vision of a sustainable environment and aids in the creation of a microclimate.

f. Construction

A prefabricated high-performance timber-framed wall system is used for an efficient use of material and to minimize waste related to the construction process. This strategy allows for a higher level of productivity and greater energy-efficiency.

c. Organización

Los cuartos de baño y áreas de almacenamiento se sitúan en el lado norte de la casa, mientras que otros espacios rodean el patio central y la terraza para maximizar el acceso de luz natural.

d. Energía pasiva

La ganancia térmica pasiva se obtiene mediante la combinación de grandes ventanas en las fachadas sur y oeste con suelos de hormigón y la division de tabiques.

e. Terrazas y jardines

Las plantas verdes en las terrazas refuerzan la visión de un medio ambiente sostenible y ayuda en la creación de un microclima.

f. Construcción

Un sistema de pared de madera de alto rendimiento prefabricado se utiliza para un uso eficiente del material y para minimizar los residuos relacionados con el proceso de construcción. Esta estrategia permite un mayor nivel de productividad y mayor eficiencia energética.

Mirrors are an essential complement in small bathrooms; they enhance lighting and achieve a greater sense of space. You should select large, frameless ones.

En cuartos de baño pequeños los espejos son un complemento esencial para potenciar la luz y lograr una mayor sensación de espacio. Intente apostar por formatos grandes y libres de marco.

Look for stylistic consistency between outdoor and indoor features. Any outdoor areas should be treated like additional rooms; therefore, they must be understood as such so as to integrate them with the rest of the dwelling.

Busque coherencia de estilos entre el exterior y el interior. El espacio exterior es una habitación más dentro de su casa y, por tanto, ha de entenderlo como tal para que quede totalmente integrado.

Cardigan Cardigan !!

Takeru Shoji Architects / Niigata City, Japan / © Isamu Murai, Takeru Shoji

In a small subdivision of an urban plot, this house shares a road with several surrounding homes. It is a place where children can play without worrying about traffic. In this landscape, the singular wooden roof projects toward the road, acting as an arbor where the children can find shelter from the intense light or rain, and where residents can feel comfortable.

En una pequeña subdivisión de una parcela urbana, el proyecto comparte carretera con varias viviendas de su entorno; es un lugar donde los niños juegan sin preocuparse del tráfico. En este paisaje, el característico gran techo de madera se proyecta hacia la carretera, y actúa de cenador donde los niños se refugien de la luz intensa o de la lluvia, y donde los residentes encuentren la comodidad.

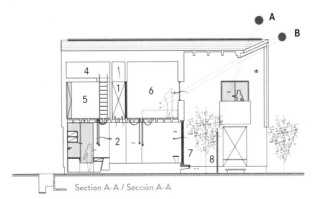

Section A-A / Sección A-A

Section B-B / Sección B-B

Elevation / Alzado

The open space in front of the house is usually used as a parking space. A large porch frames the landscape bringing the dwelling closer to the city.

El espacio abierto delante de la vivienda suele ser una plaza de aparcamiento. Un gran porche enmarca el paisaje y establece estrechas relaciones entre la casa y la ciudad.

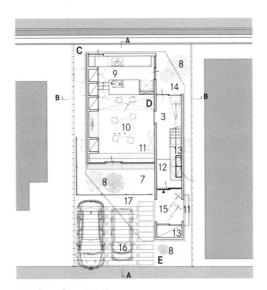

Main floor / Piso principal

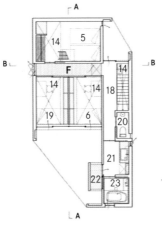

Second floor / Segundo piso

A. Summer culmination altitude=66.14°
B. Winter culmination altitude=28.54°
C. Natural air flow
D. Air flow to the upstairs
E. Sunlight from the west in winter
F. Air flow to the downstairs

1. Lattice corridor
2. Living/Dining/Kitchen
3. Entrance hall
4. Loft
5. Master bedroom
6. Private room 2
7. Terrace
8. Garden
9. Kitchen
10. Living room
11. Bench

12. Entrance
13. Storage
14. Void
15. Porch
16. Driveway
17. Wooden fence
18. Corridor
19. Private room 1
20. Powder room
21. Sanitary room
22. Balcony
23. Bathroom

A. Altura pleno verano = 66.14°
B. Altura pleno invierno = 28.54°
C. Flujo de aire
D. Flujo de aire hacia arriba
E. Luz solar desde el oeste en invierno
F. Flujo de aire hacia abajo

1. Celosía
2. Salón/Comedor/ Cocina
3. Vestíbulo
4. Altillo
5. Dormitorio princip.
6. Sala privada 2
7. Terraza
8. Jardín
9. Cocina
10. Sala de estar
11. Banqueta

12. Entrada
13. Almacén
14. Hueco
15. Porche
16. Calzada
17. Valla de madera
18. Pasillo
19. Sala privada 1
20. Aseo
21. Lavamanos
22. Balcón
23. Baño

Flooring used as seating space is typical in Eastern Japan homes and requires a series of adaptations: low furniture, gentle surfaces, etc.

La elección del suelo como lugar de asiento es típico en viviendas orientales, y requiere una serie de adaptaciones propias: muebles de bajos, superficies amables, etc.

In urban dwellings, where sometimes interior light is limited by the environment, it is important that corridors and walkways are properly lit.

En viviendas urbanas, donde en ocasiones la iluminación interior se ve limitada por su entorno, es importante iluminar correctamente pasillos y zonas de paso.

The dwelling's design seeks to create a series of spaces with the aim of bringing its inhabitants together, such as the long hallway running under a high roof.

El diseño de la vivienda busca crear toda una serie de espacios que persiguen atraer hacia si a los habitantes, como el largo pasillo que discurre bajo un alto techo.

In lighting, a very modern and minimalist approach is the use of large hanging light bulbs instead of the traditional chandeliers or ceiling lights.

En iluminación, una opción muy moderna y minimalista es la elección de grandes bombillas colgantes en lugar de las tradicionales lámparas colgantes o de los apliques de techo.

To Catch a Breeze

hyla architects / Singapore, Singapore / © Derek Swalwell

Certainly, the striking swivel screen, which dominates the main façade of this terraced house, overshadows the other houses to the left and the right of it. This screen, which features a boomerang-shaped aerodynamic cross-section, serves to deflect any wind buffeting the dwelling and, given the visual pattern chosen, reflects the mood of its inhabitants.

La llamativa pantalla giratoria que domina la fachada principal de esta casa adosada, sin duda, domina visualmente sobre el resto de viviendas que la acompañan a izquierda y derecha. Esta pantalla, con una forma aerodinámica de boomerang en su sección transversal, cumple la función de desviar el viento que incide sobre la vivienda y, además, a partir del patrón visual elegido, es un reflejo del estado de ánimo de sus habitantes.

The independent movement of the wood slats, together with the white coloring of one of its sides, allows for multiple combinations and an ever-changing façade.

El movimiento independiente de las lamas de madera, junto al color blanco de uno de sus laterales, permite múltiples combinaciones y, una fachada principal siempre cambiante.

Rooftop / Azotea

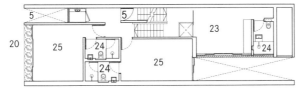

Third floor / Tercer piso

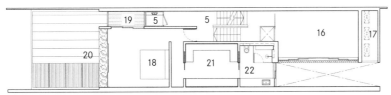

Second floor / Segundo piso

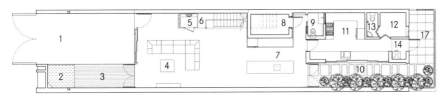

Main floor / Piso principal

1. Carport
2. Pond
3. Deck
4. Living
5. Elevator
6. Stair
7. Dry kitchen
8. Household shelter
9. Powder room
10. Garden
11. Wet kitchen
12. Maid's quarters
13. Powder room
14. Laundry
15. Yard
16. Family room
17. Air conditioning
18. Master bedroom
19. Covered terrace
20. Screen
21. Wardrobe
22. Master bathroom
23. Study room
24. Bathroom
25. Kid's bedroom
26. Roof terrace

1. Garaje abierto
2. Estanque
3. Cubierta
4. Sala de estar
5. Ascensor
6. Escalera
7. Cocina en seco
8. Refugio de la casa
9. Aseo
10. Jardín
11. Cocina en húmedo
12. Cuarto de servicio
13. Aseo
14. Lavandería
15. Patio
16. Sala de estar
17. Aire acondicionado
18. Dormitorio principal
19. Terraza cubierta
20. Rejilla
21. Armario
22. Baño principal
23. Sala de estudio
24. Baño
25. Dormitorio infantil
26. Terraza de la azotea

Section across staircase
Sección a través de la escalera

Front elevation / Alzado frontal

Rear elevation / Alzado posterior

Section across garden / Sección a través del jardín

Materials such as ceramic tiles or natural stone, glass or aluminum are still popular in bathrooms with a modern, urban and minimalist aesthetic.

Materiales como la cerámica o la piedra natural, el vidrio o el aluminio siguen siendo los preferidos en baños con una estética moderna, urbana y minimalista.

Afsharian's House

ReNa Design (Reza Najafian) / Kermanshah, Iran / © Reza Najafian, Mohamad Hosein Hamzehlouei

This client wanted to create a house that could be separated in the future for his two children, so ReNa Design envisioned the house as apartments. The client's other requirement was to create a unique exterior, which was achieved by making the house into a giant cube with a central crack, a building converted into a sculpture that rises from the street.

Para que el cliente pudiese proporcionar a sus dos hijos una vivienda propia y separada en el futuro, el diseño de ReNa Design se desarrolla con la perspectiva de conseguir transformar la casa en apartamentos. La otra demanda del cliente, un diseño exterior único, se consigue haciendo de la vivienda un cubo con una gran grieta central, un edificio convertido en una escultura que surge de la calle.

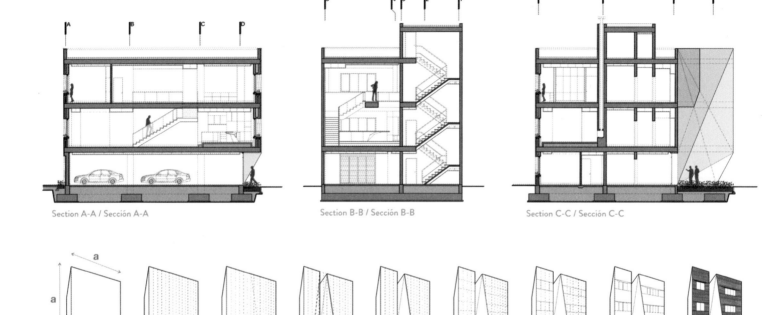

Section A-A / Sección A-A

Section B-B / Sección B-B

Section C-C / Sección C-C

Process diagram / Diagrama del proceso

Respect for pedestrians is a beautiful concept in Iranian traditions, which is incorporated unashamedly in this project by inclining the main-floor façade slightly backwards.

El respeto a los transeúntes, un concepto precioso en las tradiciones iraníes, emerge sin complejos en este proyecto al inclinarse la fachada ligeramente hacia atrás en la planta baja.

The large crack in the main façade opens up the entrance clearly, while providing a comfortable response to the spatial divisions of the upper levels.

La gran grieta en la fachada principal abre la entrada de forma clara, pero también responde a las divisiones espaciales de los niveles superiores de una forma cómoda.

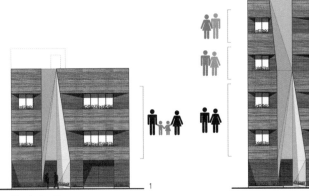

North elevations
Alzados norte

1. Today's house
2. Tomorrow's apartment

1. Casa actual
2. Apartamento de mañana

One of the great advantages of single space dwellings is their flexibility. Except for bathrooms and kitchens, which require water facilities, the remaining spaces can be arranged to the owner's taste.

Una gran ventaja de las viviendas de un único espacio es la flexibilidad. Excepto baños y cocinas, que necesitan instalaciones de agua, el resto de espacios pueden organizarse a gusto de los propietarios.

1. Entrance	6. Studio apartment	11. Living room	16. Powder room
2. Parking entrance	7. Elevator	12. Drawing room	17. Bedroom
3. Parking	8. Storage room	13. Dining room	18. Master bedroom
4. Patio entrance	9. Mechanical room	14. Guest bedroom	19. Void
5. Patio	10. Kitchen	15. Bathroom	

1. Entrada	6. Apartamento estudio	11. Sala de estar	16. Aseo
2. Entrada garaje	7. Ascensor	12. Salón	17. Dormitorio
3. Garaje	8. Almacén	13. Comedor	18. Dormitorio principal
4. Patio de la entrada	9. Cuarto de maquinaria	14. Dormitorio invitados	19. Hueco
5. Patio	10. Cocina	15. Baño	

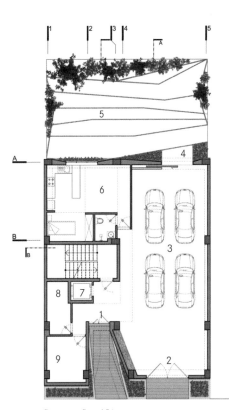

Basement floor / Sótano

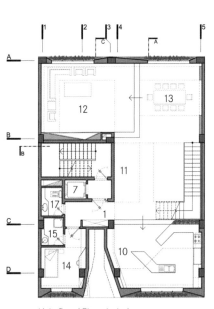

Main floor / Piso principal

Second floor / Segundo piso

House in Imabari

Hayato Komatsu Architects / Ehime, Japan / © Toshiyuki Yano

This house, inhabited by a couple and their two children, is surrounded by other homes and a school. So, the main objective of the architects was to separate the house from its surroundings, offering its owners intimacy and privacy. By adding a large window, they also designed a space with good natural light and ventilation.

Esta casa, en la que habita una pareja con sus dos hijos, está rodeada por otras viviendas y un colegio, por lo que el objetivo principal de los arquitectos fue separar la casa de sus alrededores, ofreciendo intimidad y privacidad a sus dueños. También se buscó un espacio con buena luz natural y ventilación, que se logra con una gran ventana.

The external wall acts as a fence defining a transitional area between the dwelling and the neighborhood and, at the same time, outlining the overall architectural shape.

La pared externa actúa como una valla que define una zona de transición entre la residencia y el vecindario a la vez que delinea la forma de la arquitectura general.

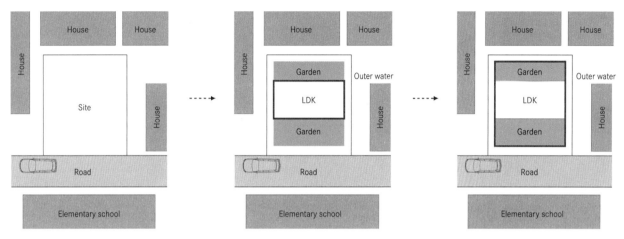

Site plans / Planos de situación

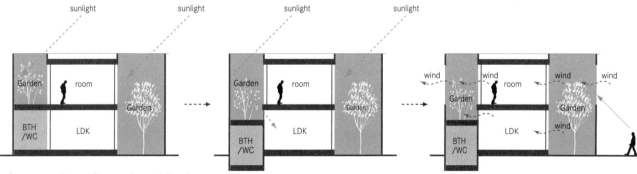

Sun exposure diagram / Diagrama de exposición solar

1. North garden
2. Water closet
3. Powder room
4. Bathroom
5. Living room / Dining room / Kitchen
6. Japanese room
7. Entrance
8. Closet
9. South garden
10. Road
11. Void terrace
12. North garden
13. Bedroom 1
14. Storage
15. Powder room
16. Powder room
17. Bedroom 2
18. Void

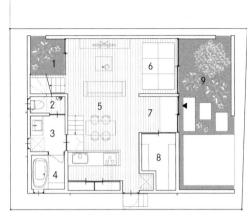

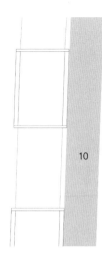

Ground floor plan / Planta baja

1. Jardín norte
2. Aseo
3. Lavamanos
4. Baño
5. Sala de estar / Comedor / Cocina
6. Habitación japonesa
7. Entrada
8. Armario
9. Jardín sur
10. Carretera
11. Hueco de la terraza
12. Jardín Norte
13. Dormitorio 1
14. Almacén
15. Aseo
16. Aseo
17. Dormitorio 2
18. Hueco

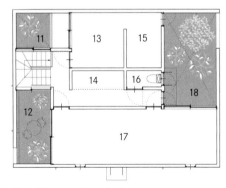

Second floor plan / Segundo piso

When designing your home, it is important to take into account cross ventilation since it will allow us to rely less on external air conditioning and lead to better energy efficiency.

A la hora de diseñar su casa es importante tener en cuenta la ventilación cruzada ya que nos permitirá depender menos de la climatización externa y en definitiva una mejor eficiencia energética.

To increase the space's vitality, use colourful notes that break up chromatic uniformity. Red doors break up the aesthetics marked by the black-and-white dichotomy.

Para aumentar la vitalidad del espacio, emplee notas de color que rompan con la uniformidad cromática. El rojo de las puertas rompe la estética marcada por el binomio blanco-negro.

Wooden beams represent the ideal solution for creating rustic environments or to act as a contrast in modern homes where avant-garde furniture prevails.

Las vigas de madera representan la solución ideal para crear ambientes rústicos o realizar contraste en hogares modernos donde imperan los muebles de vanguardia.

Toda House

Office Kimihiko Okada / Hiroshima, Japan / © Toshiyuki Yano

This house rises up from a metal frame, and its main attraction is a large patio on the main floor, onto which all the windows of the house open out. Thanks to its elevated position, the home offers peace and security. The patio space has been left free for the possible construction of a shop in the future.

La casa se levanta sobre una estructura metálica y tiene como principal atractivo un gran patio en la planta baja al que todas las ventanas de la vivienda tienen acceso. Por su situación elevada, la vivienda proporciona seguridad y tranquilidad a sus ocupantes. El espacio del patio se dejó libre para la posible construcción de una tienda en el futuro.

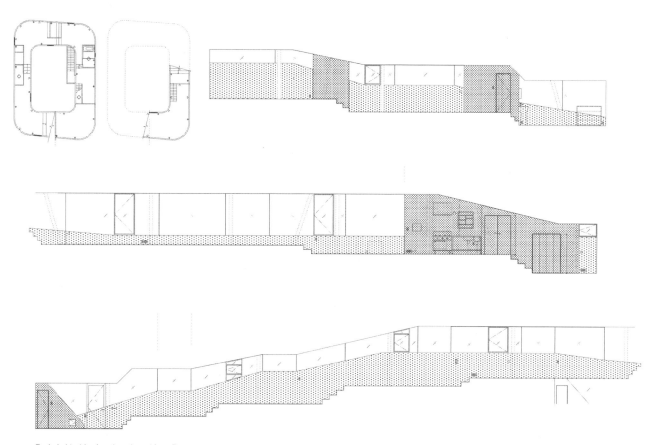

Exploded inside elevations / outside wall
Despiece alzados interiores / pared exterior

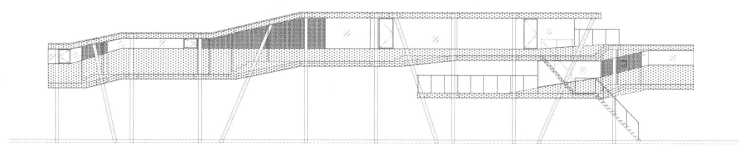

Exploded elevations / inside wall
Despiece alzados / pared interior

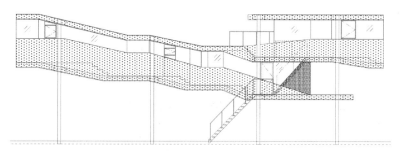

Building a house surrounding a garden ensures its complete integration with nature and provides the serenity and well-being so coveted in stressful modern life.

Construir una casa en torno un jardín asegura una integración absoluta con la naturaleza que aporta esa serenidad y bienestar tan codiciados en la estresante vida moderna.

Double glazing or glasses with an air chamber to reduce heat transfer between the indoors and outdoors are recommended for homes with many glass doors and windows.

En viviendas con muchos cerramientos acristalados se recomiendan vidrios con cámara de aire o de doble acristalamiento que reducen la transferencia de calor entre exterior e interior.

To create a comfortable atmosphere, carpets are an effective decorative resource. They convey a sense of warmth, provide thermal insulation and are a way of defining spaces.

Para crear un ambiente acogedor, las alfombras son un eficaz recurso decorativo: transmiten sensación de calidez, aíslan térmicamente y son además una solución para delimitar espacios.

The orange sink breaks up the uniform color of the space where white and gray are indisputably prominent.

El color naranja del lavamanos rompe la uniformidad cromática del espacio donde el predominio del blanco y gris es indiscutible.

In children's rooms, colors should be used sparingly. In addition to cheering up the room, they must provide a suitable environment for rest.

En las habitaciones infantiles los colores deben usarse con moderación. Además de alegrar la estancia, deben proporcionar un ambiente adecuado para el descanso.

BLK_Lab

Patano Studio Architecture / West Seattle, Washington, United States / © Benjamin Benschneider

A booming city like Seattle faces several challenges when building a dwelling: increasing competition between property companies, increasing urban density and the desire to do more with less. The design of this dwelling by Patano Studio has in mind a growing family. They want to live in the city and enjoy a coherent internal and external lifestyle as well as reduce their carbon footprint.

Una ciudad en pleno auge como Seattle se enfrenta a varios desafíos a la hora de construir una vivienda: la creciente competencia entre propiedades inmobiliarias, la densificación de la ciudad y el deseo de hacer más con menos. El diseño de la vivienda realizado por Patano Studio piensa en una familia en crecimiento, que quiere ser urbana, tener un estilo de vida interior y exterior coherente, al tiempo que logra reducir su huella de carbono.

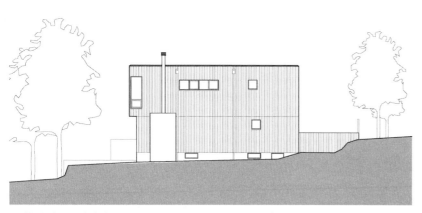

North elevation / Alzado norte

West elevation / Alzado oeste

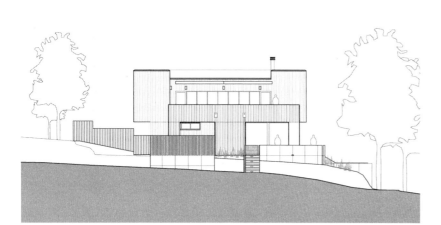

South elevation / Alzado sur

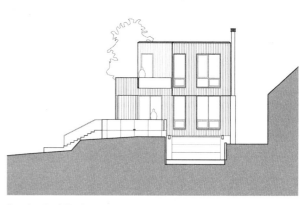

East elevation / Alzado este

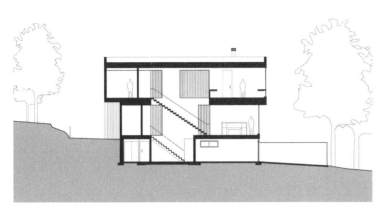

Longitudinal section / Sección longitudinal

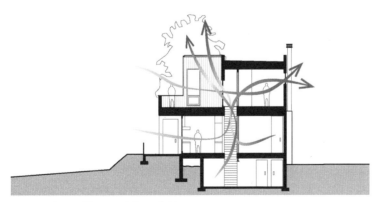

Ventilation diagram / Diagrama de la ventilación

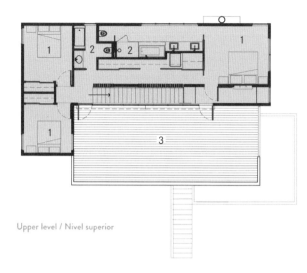

Upper level / Nivel superior

1. Bedroom
2. Bathroom
3. Terrace
4. Living room
5. Kitchen
6. Dining room
7. Garage

1. Dormitorio
2. Baño
3. Terraza
4. Sala de estar
5. Cocina
6. Comedor
7. Garaje

In addition to providing beauty and durability, the use of local materials, such as wood, reduces the building's carbon footprint.

La utilización de materiales de procedencia local, como la madera, además de aportar belleza y durabilidad, reducen la huella de carbono en la construcción de la vivienda.

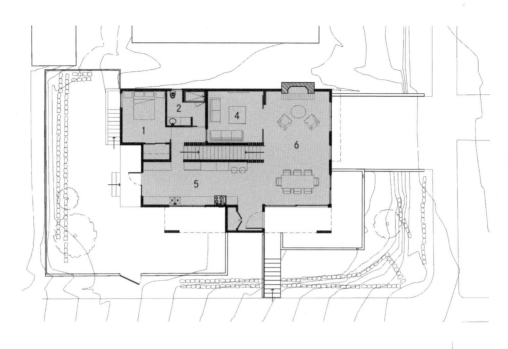

Main floor / Piso principal

Basement floor / Sótano

A central staircase connects the different floors of the dwelling. It is also vital for natural ventilation strategies and helps channel natural light to the lower levels.

Una escalera central conecta los pisos de una vivienda, es vital para las estrategias de ventilación natural y canaliza la luz natural hacia los niveles inferiores.

Vertical wood dividers increase air flow through multiple layers of the building, allowing natural light to flood all corners of the dwelling.

Los divisores verticales de madera aumentan el flujo de aire a través de las múltiples capas de la construcción, y la llegada de luz natural a todos los rincones de la vivienda.

The right combination of strategically placed windows and an advanced thermal coating allow for greater usage of solar energy.

La correcta combinación de ventanas, colocadas de manera estratégica, y una envoltura térmica avanzada, permiten aprovechar en gran medida la energía solar pasiva.

8th Ave

_naturehumaine / Montreal, Quebec, Canada / © Adrien Williams

This architectural intervention transformed a residential duplex into a single house through the complete reorganization of the interior and the construction of 430 additional square feet on the back.

As a beacon of innovation and dynamism, the extension dominates this typical Montreal street and, in contrast to the main façade, willingly embraces bright colors, angular shapes and generous glazing. Inside, the wood of the walls and wooden beams is exposed and stands out thanks to the use of a subtle palette in the additional materials.

La intervención arquitectónica transforma un dúplex residencial de dos plantas en una sola unidad de vivienda, mediante la reorganización completa del interior y la construcción de cuarenta metros cuadrados adicionales en la parte posterior.

La extensión, como un faro de la novedad y el dinamismo, domina el típico callejón de Montreal y, en contraste con la fachada principal, recurre sin miedo a colores brillantes, formas angulosas y acristalamientos generosos. En el interior, la madera en paredes y vigas se expone y se destaca con la participación de una sutil paleta de materiales adicionales.

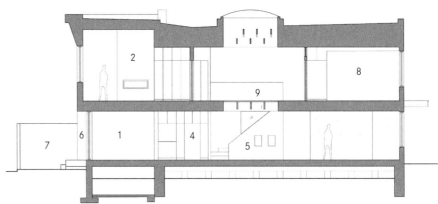

Longitudinal section / Sección longitudinal

In a nod to the history of the house, reclaimed wooden slats were used to create a beautiful, warm wooden wall that acts as a backdrop to the stairs, and beams were used as a decorative element in the skylight.

En un guiño a la historia de la casa, se recuperan listones de madera para crear una hermosa y cálida pared de madera como un telón de fondo de la escalera, y las vigas como elemento decorativo en la claraboya.

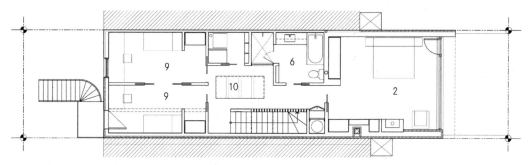

Second floor / Segundo piso

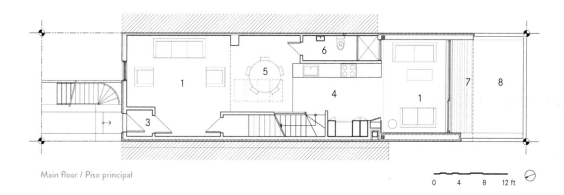

Main floor / Piso principal

0   4   8   12 ft

1. Living room
2. Master bedroom
3. Vestibule
4. Kitchen
5. Dining room
6. Bathroom
7. Patio
8. Backyard
9. Bedroom
10. Glass floor

1. Sala de estar
2. Dormitorio principal
3. Vestíbulo
4. Cocina
5. Comedor
6. Baño
7. Patio
8. Patio interior
9. Dormitorio
10. Suelo de vidrio

The variety of materials, such as glass and lacquer, that is now available for use in the design of kitchen furniture provides plenty of options for finishes that increase the feeling of space.

La gran variedad de nuevos materiales utilizados en el diseño de muebles de cocina, como el vidrio o los lacados, permite un amplio abanico de acabados que contribuyen a aumentar el espacio aparente.

Transparent glass or plastic floors not only help to differentiate spaces, but they also keep them visually united. For this reason they are an interesting way of increasing the sense of space.

Los suelos transparentes, de vidrio o de algún material plástico, aunque ayudan a diferenciar espacios, también los mantienen unidos visualmente. Por tanto, son una forma interesante de aumentar el espacio aparente.

A good way of gaining maximum storage space in the bathroom is to use a cabinet with an integrated sink. This makes the most of space that otherwise might not be taken into account.

En el baño, una buena elección para conseguir espacio de almacenaje son los muebles con el lavamanos integrado. Aprovechan al máximo un espacio que, en ocasiones, no se tiene en cuenta.

Flip House

Fougeron Architecture / San Francisco, California, United States / © Joe Fletcher Photography

The challenge when remodelling this dwelling was to use light and views to connect the building to its striking surroundings and adapt an erratic exterior to modern aesthetics. In this way, the design manages to turn the dwelling's façade and its interior inside out, reinventing its form and managing to capture all the advantages of an environment that is both urban and natural.

El desafío en la remodelación de esta vivienda era conectar el edificio con su llamativo entorno, con la luz y con las vistas, y que un exterior errático adoptara ahora una estética moderna. De este modo, el diseño logra dar la vuelta por completo a la fachada de la vivienda y a su interior, reinventa su tipología, y logra capturar todas la ventajas de un entorno que es a la vez urbano y natural.

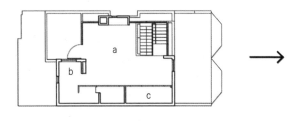

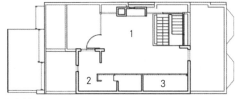

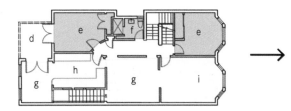

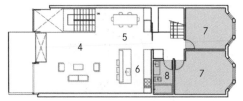

Using natural light is an obvious way of saving energy. For night lighting, it is imperative to choose sources that are in harmony with the space and that do not result in a spike in energy consumption.

La luz natural supone un ahorro energético evidente. Para la iluminación nocturna, es imprescindible elegir dispositivos acordes al espacio y que no disparen el consumo.

The great wall of windows is sculpted with precision, with a slope that captures maximum sunlight and distributes it uniformly throughout the entire interior.

La gran pared de ventanas está esculpida con precisión, con una pendiente para la admisión máxima de luz solar, que facilita su distribución uniforme en todo el interior.

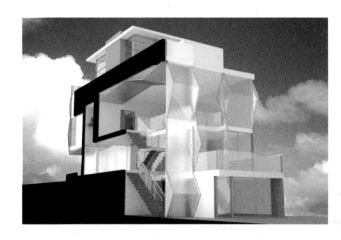

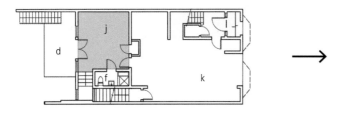

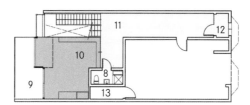

Main floor / Piso principal

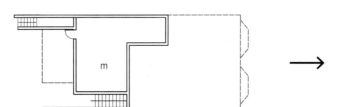

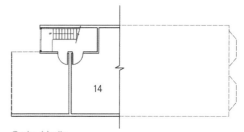

Garden / Jardín

Old floor plans / Antiguos planos

a. Master bedroom	a. Dormitorio principal
b. Master bathroom	b. Baño principal
c. Closet	c. Armario
d. Deck	d. Cubierta
e. Bedroom	e. Dormitorio
f. Bathroom	f. Baño
g. Dining room	g. Comedor
h. Kitchen	h. Cocina
i. Living room	i. Sala de estar
j. Media room	j. Sala multimedia
k. Garage	k. Garaje
l. Entrance	l. Entrada
m. Crawlspace	m. Espacio de acceso

New floor plans / Nuevos planos

1. Master bedroom	1. Dormitorio principal
2. Master bathroom	2. Baño principal
3. Closet	3. Armario
4. Living room	4. Sala de estar
5. Dining room	5. Comedor
6. Kitchen	6. Cocina
7. Bedroom	7. Dormitorio
8. Bathroom	8. Baño
9. Deck	9. Cubierta
10. Family room	10. Sala familiar
11. Foyer	11. Vestíbulo
12. Entrance	12. Entrada
13. Storage room	13. Almacén
14. Crawlspace	14. Espacio de acceso

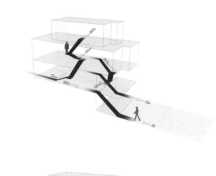

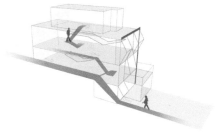

Section in 3D perspective / Sección en perspectiva 3D

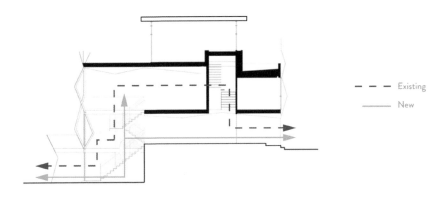

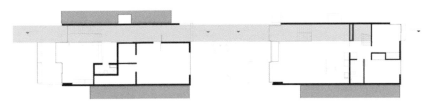

Circulation diagram / Esquema de circulación

- - - - Existing
——— New

Old circulation / Circulación antigua
New circulation / Nueva circulación
New façade / Nueva fachada

The remodeling of this house revises the concept of decoupled circulation by connecting all floors with the garden through a contemporary central staircase.

La remodelación de esta casa realiza una revisión de la circulación disociada para conectar todas las plantas con el jardín a través de la característica escalera central.

Circumscribed within the existing plot, the house was remodeled to meet the unique needs of a family with children who will grow up in a dense urban culture.

Contenida dentro del terreno existente, la vivienda fue remodelada para satisfacer las necesidades únicas de una familia con niños que crecerán en una cultura urbana densa.

A rear staircase, replacing several stairways in the center of the dwelling, frees up space inside, allowing different levels to be linked in a more continuous fashion for the residents.

Una escalera posterior, en sustitución de varios tramos en el centro de la vivienda, permite liberar espacio interior y enlazar niveles de forma más continua para el habitante.

Eliminating interior staircases allows some spaces to have a downward view of the inside of the house, as well as an outward view of the landscape.

La eliminación de escaleras interiores permite a algunos espacios tener una visión hacia abajo, sobre el interior de la vivienda, y hacia fuera, por encima del entorno.

40R Laneway House

superkül inc - architect / Toronto, Ontario, Canada / © Tom Arban

Superkül transformed this old warehouse into a family home right in the heart of Toronto. This project addresses issues such as sustainability and urban regeneration, the density of the city's narrow streets, and the limited living space and all with a limited budget and resources. The resulting dwelling provides all the comforts you need in a home outdoor space, natural light and a well-designed living area, while retaining much of the existing industrial character on the exterior.

Superkúll transforma una antigua nave industrial en una vivienda unifamiliar en el centro de Toronto. En el desarrollo del proyecto, se abordan cuestiones como la sostenibilidad y la revitalización urbana, la densidad de las callejuelas de la ciudad y el espacio de vida limitado, y todo ello con una reducción de los costes y los recursos. El resultado, la reconstrucción de un edificio con el objetivo de dotarlo de todas las comodidades de una casa –espacio al aire libre, luz natural y una zona de vida bien diseñada–, mientras se retiene en el exterior buena parte del carácter industrial preexistente.

VEHICLES
SUBJECT TO
TOWING

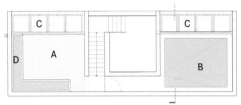

Rooftop / Azotea

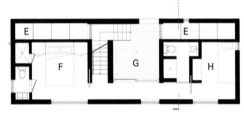

Second floor / Segundo piso

Main floor / Piso principal

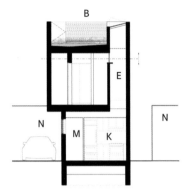

East-west section / Sección este-oeste

a. Terrace	a. Terraza
b. Green roof	b. Cubierta vegetal
c. Skylight vents	c. Claraboyas de ventilación
d. Planter	d. Plantas
e. Light shaft	e. Conductos de luz
f. Principal bedroom	f. Dormitorio principal
g. Elevated courtyard	g. Patio elevado
h. Bedroom	h. Dormitorio
i. Living room	i. Sala de estar
j. Mechanical room	j. Cuarto de maquinaria
k. Kitchen	k. Cocina
l. Dining room	l. Comedor
m. Hallway	m. Vestíbulo
n. Neighboring garage	n. Garaje colindante
o. Right-of-way	o. Uso para peatones

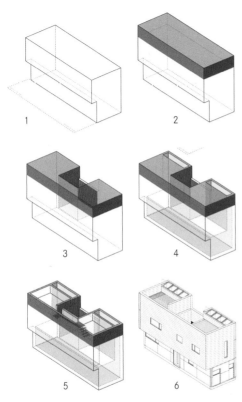

1. Existing building mass: Ceiling heights 8' + 6', building 17' cantilever added circa 1950
2. Vertical expansion: Bylaws restrict horizontal expansion; bldg. height response, raise to 23'
3. Second floor contract: Courtyard added to bring light and air into second floor
4. Light shafts: Vertical light shafts, 23', bring light to main floor
5. Rooftop terrain: Right-of-way restricts development of landscape terrace and planting added to rooftop
6. Cladding: Refurbished cladding systems mimic original industrial skins – wood + metal

1. Masa existente del edificio: Alturas del techo 8'+ 6', edificio 17' viga voladiza agregada alrededor de 1950
2. Expansión vertical: Las regulaciones restringen la expansión horizontal; la altura del edificio aumenta a 23'
3. Segundo piso: Patio abierto para que entre luz natural por el segundo piso
4. Conductos de luz verticales: Con una altura de 23', llevan la luz a la planta principal
5. Area de la azotea: El paso de peatones restringe la terraza y las plantas se incorporan en la azotea
6. Revestimiento: El sistema de revestimiento rehabilitado imita las capas originales industriales: madera + metal

Axonometric diagrams / Diagramas axonométricos

▬▬ Horizontal expansion / Expansión horizontal
▬▬ Courtyard / Patio
▬▬ Light shaft / Conducto de luz
▬▬ Green roof / Cubierta vegetal

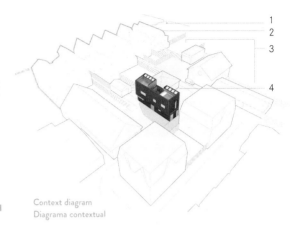

Context diagram
Diagrama contextual

1. Metro station
2. Single family residential
3. 1880–1982: Industrial use zone
   1992: Residential conversion
4. 40R Shaftsbury Avenue: Once a blacksmith's workshop, later a horse shed, hotel storage, a taxi depot and an artist studio, today this laneway house stands as a private residence and a model for sustainable urban living

1. Estación de metro
2. Vivienda unifamiliar
3. 1880-1982: Zona de uso industrial
   1992: Transformación residencial
4. 40R Shaftsbury Avenue: En el pasado fue una herrería, más tarde un establo, el almacén de un hotel, un parquing para taxis y el estudio de un artista. Hoy esta casa se erige como una residencia privada y un modelo de vida urbana sostenible.

The steel casing of the original building was catalogued, removed, restored, and reinstalled as its main skin.

El revestimiento de acero del edificio original fue catalogado, retirado, restaurado y vuelto a instalar como piel principal. La puerta de entrada es una antigua puerta deslizante de acero, también recuperada.

When there is a shortage of windows, try to draw attention to the highest part of the house, from which significant amounts of natural light can be obtained, as well as sufficient ventilation.

Cuando las ventanas son insuficientes, es importante centrar el interés en la parte alta de la vivienda, desde donde se pueden recoger importantes cantidades de luz natural y realizar una correcta ventilación.

Besides being a suitable solution for use in densely populated urban areas, tiny houses can also be used to transform old industrial areas into residential zones.

Las viviendas pequeñas, además de una buena solución en zonas urbanas densamente pobladas, también son una alternativa en la transformación de antiguas zonas industriales en residenciales.

ZYX House

Akio Nakasa, Tomohiro Tanaka/Naf Architect & Design / Tokyo, Japan / © Toshiyuki Yano

This house is named after the Cartesian coordinates of the three axes X, Y and Z. Each of its three spaces are arranged in concordance with the view and the elevation of each axis. The private area is far away from noise and is very bright, while the ground floor, with direct access to the street, is equipped to accommodate guests.

El nombre de esta casa se debe a que cada uno de sus tres espacios está orientado según los ejes X, Y y Z de las coordenadas cartesianas, en concordancia con la vista y la elevación de cada uno. La zona privada está alejada del ruido y tiene mucha luz, mientras que la planta baja, con acceso directo a la calle, está equipada para alojar invitados.

1. Entrance
2. Bedroom 1
3. Bathroom 1
4. Living and dining area
5. Kitchen
6. Bedroom 2
7. Walk-in closet
8. Bathroom 2

1. Entrada
2. Dormitorio 1
3. Baño 1
4. Salón y comedor
5. Cocina
6. Dormitorio 2
7. Vestidor
8. Baño 2

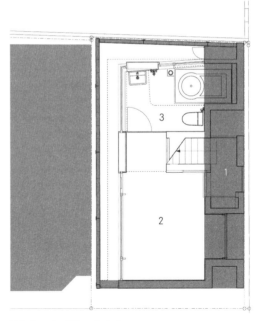

Main floor plan / Piso principal

To achieve greater energy efficiency, skylights are a good resource because they provide natural light and ventilation without compromising privacy.

Para lograr una mayor eficiencia energética las claraboyas son un buen recurso: proporcionan luz natural sin renunciar a la privacidad y ventilación, en el caso de ser practicable.

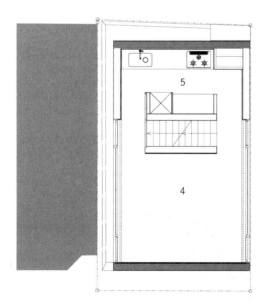

Second floor / Segundo piso

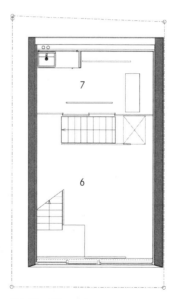

Third floor / Tercer piso

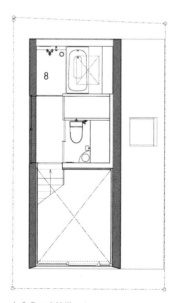

Loft floor / Altillo

If space permits, install a hot tub in your bathroom for its many therapeutic benefits. The market offers a wide range of customizable designs for your home.

Si el espacio lo permite, instale una bañera de hidromasaje en su cuarto de baño por sus innumerables beneficios terapéuticos. El mercado ofrece una amplia gama de diseños adaptables a su vivienda.

Tato House

Tato Architects / Kobe, Hyogo, Japan / © Satoshi Shigeta

This three-storey house is characterized by its narrowness and its structure. It is composed of two blocks joined by an internal staircase that ascends to the roof. The space between the blocks is covered by a glass wall that helps to heat the house in the winter. In summer, the upper windows can be opened to increase airflow.

Esta casa de tres plantas se caracteriza por su estrechez y su estructura, compuesta por dos bloques unidos por una escalera interna que asciende hasta la cubierta. El espacio entre ambos bloques está revestido de un muro de cristal que permite calentar la casa en invierno. En verano se abren las ventanas superiores, obteniendo así corriente de aire.

The dwelling is divided into two parts, the east and west units. In the gap between the two units there is a staircase that allows communication between them.

La vivienda está dividida en dos partes, la casa del este y la del oeste. En el vacío que queda entre ellas se construyó la escalera que permite la comunicación entre ambas.

Due to its stability, resistance and lightness, teak is a wood that is often used for outdoor staircases, platforms and walkways.

Por su estabilidad, resistencia y a la vez ligereza frente a otras maderas duras, la teca es una madera muy utilizada en escaleras, plataformas y pasarelas de exterior.

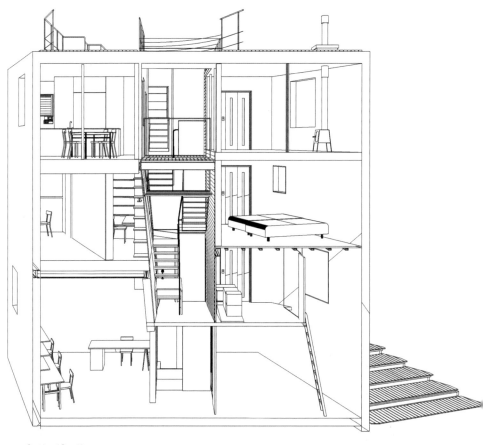

Section / Sección

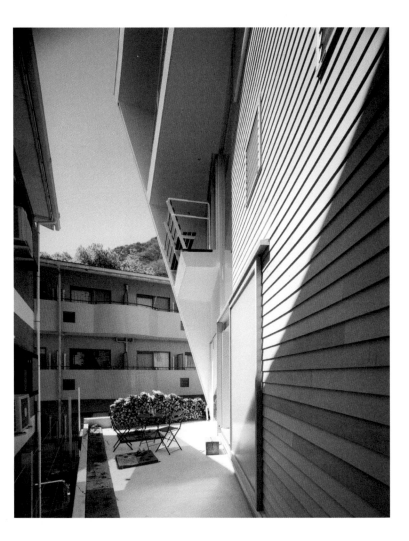

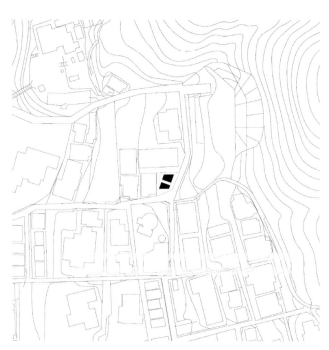

Site plan / Plano de situación

In dwellings with very pronounced verticality and where the different floors are small, an interesting strategy is to design open levels to enable communication and visual breadth.

En viviendas donde la verticalidad es muy acusada y las plantas son de dimensiones reducidas, es interesante diseñar niveles abiertos para facilitar la comunicación y la amplitud visual.

Partitions can help us create more space if they are transparent and frameless. This means it will not visually impede the room.

Las mamparas pueden ayudarnos a crear un mayor espacio si las elegimos transparentes y libres de perfiles. De esta forma no cortamos visualmente la estancia.

If a home has a library or study, it should be located away from potentially noisier rooms.

Si una residencia dispone de una biblioteca o estudio debe intentar ubicarla lejos de las estancias potencialmente más ruidosas.